De Vriend het Vrije Woud

Hans Petermeijer
Tekeningen van Wim Euverman

de Bibliotheek

Breda

1e druk 2008
ISBN 978.90.487.0052.3
NUR 286

© 2008 Tekst: Hans Petermeijer
Illustraties: Wim Euverman
Uitgeverij Zwijsen B.V. Tilburg

Voor België:
Zwijsen-Infoboek, Meerhout
D/2008/1919/357

Inhoud

1.Ridders rijden uit

Tataaaaaattttttt!!
Buiten klinkt luid een hoorn.
Mart kan het in de keuken horen.
Hij weet wat dat wil zeggen.
De ridders rijden weer uit!
'Mart, kom je kijken?
Heer Jan rijdt uit!'
Het is Tom die de keuken instormt.
'Ik kan niet,' zegt Mart.
'Er is teveel te doen hier.
Meester Harko zou het nooit goedvinden.
Ik moet al deze pannen nog afwassen.'
Mart wijst naar een stapel pannen.
'Tuurlijk vindt hij dat goed,' zegt Tom.
'De kok staat ook te kijken op het plein.
Kom snel, anders zijn ze weg.
De brug is al aan het zakken!'
Mart aarzelt even.
Meester Harko is een nare man.
Hij is kok op het kasteel.
Je kunt beter doen wat hij zegt.
Anders kan hij erg boos worden!
'Kom nou!' roept Tom.
Hij staat al bij de deur.
'Anders zijn we te laat!'
Mart gooit de borstel in een pan.
Dan volgt hij zijn vriend naar buiten.
Naar de binnenplaats van het kasteel.

Buiten staat veel volk te kijken.
Op het plein staan de ridders.
Weer klinkt de hoorn.
De ridders stijgen op hun paard.
Trots kijken ze rond.
Hun harnassen blinken in de zon.
'Kijk, daar staat heer Jan,' zegt Tom.
'Hij heeft een rode pluim op zijn helm.
Zie je dat?'
'Ik zie het,' antwoordt Mart.
'Dan wordt het vechten!
Ik zou nu niet graag een rover zijn.
Als je heer Jan achter je aankrijgt …'
'De rovers van het Woeste Woud!
Het is maar goed dat ze worden aangepakt.
Anders is niemand meer veilig,' zegt Tom.
'Maar kijk, de brug is gezakt.
Nu gaat het hek omhoog.'
Knarsend gaat het grote hek omhoog.
Weer schalt de hoorn.
Ridders stormen over de brug naar buiten.
Op weg naar de rovers van het Woeste Woud.
Achter hen zakt het hek weer omlaag.

Even later is Mart weer aan het werk.
De ouders van Mart zijn dood.
Sindsdien woont hij op het kasteel.
Hij werkt op het land of in de keuken.
In ruil voor eten en drinken.
En een plaats om te slapen.
'Zijn de pannen nou nog niet schoon?'

Het is meester Harko.
'De ridders komen straks terug.
Dus er moet eten zijn … veel eten.
En daar heb ik mijn pannen voor nodig!'
'Ik ben bijna klaar,' zegt Mart snel.
'Dit is de laatste!'
Meester Harko knikt.
'Prima dan,' zegt hij.
'Haal een flink stuk spek uit de kelder.
Daar hebben de heren straks wel zin in.'
Mart zucht.
De kelder …
'Kan Tom mee?' vraagt hij.
'Die kan de toorts dan dragen.'
'Je bent toch niet bang hè?' lacht de kok.
Mart wordt rood.
Bang is hij niet.
Maar alleen de kelder in …

2. Geluid in het donker

Mart en Tom lopen over de binnenplaats.
Ze zijn op weg naar de kelder.
Daar ligt het voedsel.
Grote hammen hangen er aan haken.
In tonnen liggen stukken spek in het zout.
En dan zijn er nog de vaten bier en wijn.
En veel meer heerlijks!
Voor de kelder staat een soldaat.
Die houdt de wacht.
'Zo jongens,' bromt hij.
'Jullie komen eten halen?
Wat zal het vandaag zijn voor lekkers?'
'We komen voor een stuk spek,' zegt Mart.
'Hebt u een toorts voor ons?
Om het grootste stuk uit te zoeken?'
'Kom maar mee,' antwoordt de soldaat.
Hij opent de deur naar de kelder.
Achter de deur is een kleine ruimte.
Aan de muur hangt een toorts.
De soldaat trekt die uit de houder.
'Hier,' zegt hij.
Hij geeft de toorts aan Tom.
'Val niet van de trap!
Want dat is een heel eind vallen!'
Hij kijkt de jongens grijnzend aan.
'En wees voorzichtig voor de draak!
Want die houdt ook wel van spek!'
De jongens kijken elkaar even aan.

De draak …
De soldaat loopt weer naar buiten.
De deur slaat hij achter zich dicht.

Mart en Tom knijpen met hun ogen.
Ze moeten even wennen aan het donker.
'Wat walmt die toorts weer,' zegt Tom.
'Ik krijg er tranen van in mijn ogen.
En wat stinkt het hier.'
'Niet zeuren,' bromt Mart.
'Dat walmen is gewoon.
Daar moet je nu toch aan gewend zijn.
Kom, licht me bij zodat ik de trap zie.'
Voetje voor voetje dalen ze de trap af.
De jongens zeggen niet veel.
Ze luisteren goed.
Naar elk vreemd geluid dat ze horen.
Want stel je voor …
Mart huivert even.
'Het is koud hier,' zegt hij.
'Ja ja,' zegt Tom lachend.
'Je bent gewoon bang voor de draak.
Zeg het maar eerlijk!'
Mart kijkt zijn vriend boos aan.
'Wie is dat niet?
Daarom stuurt Harko ons toch?
Niemand van de knechten wil hier komen.'
Tom zegt niets.
Hij tuurt het donker in.
'Hoor je dat geluid?' vraagt hij.
Zijn stem trilt.

'Wat is dat daar?'
Heel langzaam lopen ze verder.
Steeds dieper de kelder in.
Dan schiet er iets zwarts voor hen weg.
Opgelucht haalt Mart adem.
'Het was maar een rat,' zegt hij.
'Kom, we zijn er, daar staat het vat.'
Hij opent de deksel en pakt een stuk spek.
'Kom mee, naar boven!
Het is niet pluis hier.'
De jongens lopen snel de trap weer op.
Eenmaal boven blazen ze even uit.
Achter hen klinkt weer geluid.
Maar Mart hoort ook iets anders …
Een soort gedreun in de verte.
Zou het toch de draak zijn?

3. Vlaggen in de wind

Even later staan de jongens buiten.
'Jullie zijn snel,' grijnst de soldaat.
'Geen enge beesten gezien?'
Mart werpt hem een boze blik toe.
'Een grote rat,' zegt hij.
'Heer Jan zal daar niet blij mee zijn.
Die beesten vreten alles op.
Straks sta jij hier voor niets op wacht!'
'Niet zo brutaal jongen,' bromt de wacht.
Tom trekt Mart mee.
'Maak nou geen ruzie,' sist hij.
'We zitten goed op dit kasteel.
Wil je liever in het Woeste Woud leven?'
Mart schudt zijn hoofd.
'Kijk, de vlaggen hangen uit,' zegt Tom.
'Ze denken vast aan een flinke buit.
Ik ben benieuwd.
Hoeveel voedsel de ridders buit maken?
Weet je nog de vorige keer?
Toen waren we drie dagen bezig.
Alles naar de kelder brengen …'
'Toen wisten we nog niet van die draak!
Daar kwamen ze later mee,' zegt Mart.
'Ik wou dat niemand iets gezegd had.
Bah, elke keer als ik die trap afga …'
'Kijk daar heb je de draak!'
Tom wijst lachend naar boven.
Boven de poort hangt een rode vlag.

Daarop staat Sint Joris.
Hij is in gevecht met een draak.
Het is het wapen van heer Jan.
Het wapen van de heren van het kasteel.
'Voor draken ben ik niet bang,' zegt Tom.
'Maar wel voor meester Harko,' zegt Mart.
'Als we niet snel zijn, zwaait er wat.'
Snel gaan ze op weg naar de keuken.

Het is druk in de keuken.
Boven het vuur hangt een wild zwijn.
Een knecht draait hem om en om.
Zo wordt het vlees lekker gaar.
'Kom hier met dat spek!'
De stem van meester Harko klinkt boos.
Mart kent dat wel.
Dat is altijd zo als het druk is.
'Ga de groenten snijden.'
Die opdracht is voor Mart.
'En jij, haal eieren!'
Tom stuift al weg.

Aan het eind van de middag is alles klaar.
De keuken hangt vol heerlijke geuren.
Net op tijd!
Want buiten schallen de hoorns weer.
Heer Jan is terug!
Samen met al zijn stoere ridders.
En dat niet alleen.
Zware wagens bonken over de brug.
Wagens vol buit.

17

Heer Jan vertelt met luide stem.
'De rovers waren met velen.
Maar wij vochten dapper!
En kijk!
Dit hebben wij buit gemaakt.
Mijn ridders en ik.
Genoeg voedsel voor de hele winter.
En voor de rovers is er niets over!
Dat zal ze leren!'
Er gaat gejuich op.
'Nu zal er feest zijn!
Verlies voor de rovers!
Feest voor het hele kasteel.'
Trots kijkt heer Jan rond.
Mart kijkt hem vol aan.
Zo'n stoere ridder!
En dan dat mooie harnas.
Alleen die draak op het wapen.
Nee, daar moet Mart niets van hebben.

4. Een minstreel zingt

Die avond is het feest.
In de ridderzaal staan lange tafels.
Schalen met vlees gaan rond.
Bekers worden gevuld met wijn en bier.
Mart en Tom werken hard.
Eigenlijk rennen ze.
Van de keuken naar de zaal.
En dan weer terug.
'Ik krijg honger,' zegt Tom.
'Honger van al dat lekkers.
Het was toch een feest voor iedereen?
Dat zei heer Jan.'
'Met iedereen bedoelt hij niet ons.
Wij zijn maar gewoon knechten.
En die hoeven niet te eten.
Misschien straks.
Van wat er over is,' bromt Mart.
Vanuit de ridderzaal klinkt muziek.
'Dat is de minstreel!' roept Tom.
'Ik hoorde vanmiddag dat hij zou komen.
Allan, je weet wel.'
Allan is minstreel.
Hij zingt liedjes op elk kasteel.
Hij vertelt er ook een verhaal bij.
De jongens hebben hem al vaker gezien.
En gehoord.
'Kom, we brengen alles weg,' zegt Mart.
'En dan gaan we achter in de zaal zitten.

Zo kunnen we toch alles horen.'

De jongens haasten zich naar de zaal.
Daar zetten ze de schalen op een tafel.
Dan sluipen ze naar een hoek.
Ze verstoppen zich in een nis.
'Hier,' zegt Mart.
'Voor je honger.'
Hij geeft Tom een kippenpoot.
Zelf heeft hij er ook een.
'Die vond ik toevallig,' lacht hij.
De vrienden kluiven de poten gulzig af.
'Lekker!' zegt Tom.
'Maar stil, nu komt Allan.'
Daar verschijnt de minstreel.
Hij stemt zijn luit.
Weer zingt hij een lied.
'Komt vrienden in het ronde.
En luister naar mijn lied.
Over dappere ridders samen.
Komt luister en geniet …'
Bekers worden nog eens gevuld.
Dit horen de ridders graag.
Een lied over hun stoere daden.
Allan zingt over die nare rovers.
De rovers van het Woeste Woud.
En hij zingt over de draak.
De draak verloor van Sint Joris.
Door Sint Joris.
En hoe er later een draak terugkwam.
Die ging hier wonen.

In de kelder van het kasteel.
Het wordt stil in de zaal.
Mensen draaien op hun stoel.
Zit er dan toch een draak in de kelder?
Dat zal toch niet?
Maar Allan zingt verder.
Hij zingt over heer Jan.
Die zal de draak wel verslaan.
Net als de rovers!
Er klinkt luid gejuich.
Natuurlijk!
De draak wordt gedood!
Weer gaan er bekers rond.

Later ruimen knechten de zaal op.
Het feest is voorbij.
Ook Mart en Tom zijn bezig.
Mart gaat naar buiten.
Daar ziet hij iemand staan.
Het is Allan.
De minstreel staat bij de kelder.
'Wat doet hij daar nou?'
Mart mompelt in zichzelf.
'Zou Allan de draak zoeken?'

5. De draak die slaapt

Een dag later is het weer vroeg op.
Zodra de haan kraait, is Mart wakker.
Er moet gewerkt worden!
Alle buit moet de kelder in.
Maar wat een geluk.
Dat hoeft hij niet alleen te doen.
Dat gepraat over de draak …
Bah!
Mart vindt het toch eng.
De trap is goed verlicht.
Er branden veel toortsen.
Knechten sjouwen af en aan.
Ze dragen zakken vol.
Alles gaat de kelder in.
Mart en Tom hangen alles op.
Grote spekken.
Zware hammen.
'Deze is te zwaar voor me!
Help me eens,' zucht Mart.
Samen tillen ze de ham op.
'Wat een groot stuk!'
Tom kijkt er verlekkerd naar.
'Dat zal smaken!'
'Maar niet voor ons,' zegt Mart.
'Kom.
We zijn klaar hier.
Dit was de laatste.'
Ze gaan de trap weer op.

Omhoog, naar het daglicht.
Maar als hij er bijna is …
Weer dat geluid!
Een vreemd gedreun.
Het komt diep uit de kelder.
'Weg hier!' roept hij.
Buiten adem staan ze later boven.

'Wat is er aan de hand, jongens?
Jullie hijgen zo.
Waarvan schrikken jullie zo?'
Voor hen staat Allan.
'Wat is er gebeurd?
Vertel het me maar.'
Mart vertelt het verhaal.
Van dat vreemde geluid.
Dat hij al eerder hoorde.
De minstreel knikt.
'Dus toch,' zegt hij.
'Ik was er al bang voor.
De draak is terug.
Blijf maar weg uit de kelder.
Ik praat wel met heer Jan.'
'En met meester Harko,' zegt Mart snel.
'Zodat we niet meer de trap af hoeven.'
'Dat zal ik doen,' belooft Allan.
'Misschien valt het mee.
Een draak slaapt als het dag is.
Dat gedreun?
Ik denk dat het zijn gesnurk was.
Maar …'

Allan kijkt ernstig.
'Blijf er tijdens de nacht weg!
De jongens knikken angstig.

Al snel gaat het nieuws door het kasteel.
Heer Jan roept iedereen bij elkaar.
'In de nacht mag je de kelder niet in.
Wel als het dag is.
Dan slaapt de draak.
Maar ga met z'n tweetjes.
Dat is veilig!'
Er valt een diepe stilte.
Een draak in de kelder …
Dat is niet pluis!

6. Voedsel weg …

Na een week is de rust terug.
Niet dat mensen graag de kelder ingaan.
Dat laten ze graag aan een ander over.
Zoals aan Mart en Tom.

Op een middag moeten ze weer.
'Ik wil de grootste ham uit de kelder.
Haal hem maar samen,' zegt de kok.
De jongens kijken elkaar aan.
Mart zucht diep.
'Kan er een soldaat mee?' vraagt hij.
'Praat geen onzin.
Waarom?
De draak slaapt als het dag is.
Dat heeft heer Jan zelf gezegd.'
'Allan zei dat,' mompelt Mart.
'Wat zei je?' zegt de kok dreigend.
'Niets meester, we gaan al.'
Bedrukt lopen de jongens de keuken uit.
Op weg naar de kelder.

De soldaat bij de ingang is er niet.
Dat hoeft ook niet.
Niemand durft immers nog.
De deur is open.
En er hangt een brandende toorts.
'Nou, kom op dan.'
Mart probeert rustig te klinken.

Maar er klinkt een trilling in zijn stem.
Stap voor stap gaan ze de trap af.
Mart telt elke tree.
'We nemen die hele grote,' zegt hij.
'Je weet wel.
Die ham die we samen ophingen.
Die is groot genoeg voor een week.
Dan hoeven we niet meer terug.'
Tom knikt.
Ze kijken rond.
De kelder is erg vol.
'Waar hing dat ding nou?
Toch aan die haak?'
Tom klinkt verbaasd.
Mart kijkt omhoog.
Aan de balk hangt een lege haak.
'Hè?
Hoe kan dat nou?
Ik weet zeker dat die ham daar hing.'
Mart snapt er niets van.
'Heeft dan iemand anders …?
'Ach nee,' sist Tom.
'Niemand komt hier.
Alleen wij.
Dat weet je ook wel.
Kom, we pakken snel een ham.
En dan weg hier.'
Tom trekt een grote ham van een haak.
'Ik draag hem wel.
Neem jij de toorts.'
Mart neemt de toorts over.

Hij kijkt rond.

'Kijk hier eens.

Hier op de grond.'

Mart houdt de toorts lager.

In het stof zien ze strepen.

En voetstappen.

'Er is dus toch iemand geweest.

Maar die voetstappen gaan niet omhoog.

Ze gaan daar naartoe.

Zie je dat?'

De voetsporen gaan naar een groot rek.

Dat rek staat tegen een zwarte muur.

'Iemand steelt voedsel!' zegt Mart.

'Als je je mond maar houdt.

Schiet op, kom mee.

Ik wil naar buiten.'

Tom loopt de trap op.

Mart volgt hem.

Bijna boven draait hij om.

Wat is hier aan de hand?

7. De kazen zijn weg!

De ham is voor meer dan een week.
Maar dan is het weer zover.
Mart moet de kelder weer in.
'Er staat een kist.
Vol met de beste kazen.
Ga er twee halen,' beveelt meester Harko.
'En ga alleen.
Ik kan nu niemand missen.
'Waar is Tom dan?
Ik kan toch niet alleen?'
Mart kijkt verschrikt.
'Wat meer moed,' zegt de kok.
'Het valt wel mee.
Niemand heeft de draak nog gehoord.
Of gezien.
Kom maar snel terug.
Dan krijg je een stuk vlees van me.'
Zuchtend gaat Mart naar buiten.
Alleen de kelder in …

De deur is gewoon open.
Mart pakt de toorts en gaat de trap af.
Af en toe stopt hij.
Hoort hij iets?
Maar nee, alles is stil.
'De kist met kazen.
Ja, die weet ik te staan.
En er is hier niets aan de hand.'

Zo praat Mart zichzelf moed in.
In de kelder zoekt hij snel zijn weg.
'Hier in deze hoek toch?'
Maar er staat geen kist.
Mart kijkt zoekend rond.
'Waar is die kist nou?'
Maar hij vindt niets.
Weer loopt hij terug naar de hoek.
De toorts houdt hij vlak boven de grond.
En daar zijn ze weer …
Sporen.
'Ze lopen weer naar de muur.
'Hoe kan dat nou?' mompelt Mart.
'Er is daar toch geen trap?'
Hij zoekt, maar vindt de kist niet.
Bang gaat hij de trap weer op.

Even later staat hij in de keuken.
'De kazen zijn weg, meester,' zegt hij.
'Ze zijn er niet?
Natuurlijk zijn ze er wel, domkop!
Heb je wel goed gezocht?'
'Ze zijn er echt niet,' mompelt Mart.
'Hebben jullie ze soms op?' snauwt de kok.
'Jullie zijn altijd zo lang bezig daar.
Dat viel me al eerder op.
Wat hebben jullie nog meer weggehaald?'
Er valt een stilte in de keuken.
Meester Harko is razend.
Dat hoort iedereen.
'Niets,' hakkelt Mart.

'Echt niet.'

De kok wordt steeds kwader.

'Wel,' brult hij.

Het gezicht van de kok is rood.

'Wacht, wacht!' roept hij.

Twee mannen rennen binnen.

'Sluit deze dief op.

Meteen!

Samen met zijn vriendje.

Straks is heer Jan terug.

Dan weet hij wel raad met ze!'

De mannen brengen Mart weg.

Ze gooien hem in een hok onder de grond.

Even later zwaait de deur weer open.

Tom wordt naar binnen gegooid.

'Wat moeten we nu toch doen?' snikt hij.

Mart weet het ook niet.

8. Ontsnapt

Het hok is donker.
Mart zit in een hoek.
Hij probeert Tom moed in te praten.
'Heer Jan gelooft ons wel,' zegt hij.
'Echt waar.
Het komt allemaal goed.'
Maar Tom blijft bang.
'Je zei zelf dat wij niet meetellen.
Niemand geeft om ons?
En … alleen wij moesten die kelder in.'
Mart weet het ook niet meer.
'Probeer te slapen,' zegt hij.
'Dan gaat de tijd sneller.
Voor je het weet, is het morgen.
En dan vertellen wij ons verhaal.
En we laten de sporen van voeten zien.
De sporen die naar de muur lopen.'
Tom snikt nog even na.
Dan wordt zijn adem rustig.
Even later vallen de jongens in slaap.

Als eerste wordt Mart wakker.
Hoe laat het nu is, weet hij niet.
Hij hoort een vreemd geluid.
Gekras in het slot.
Dan zwaait de deur open.
Er komt een man binnen.
Over zijn ogen draagt hij een masker.

Mart schrikt ervan.

Wie is dat?

De man legt zijn vinger op zijn lippen.

'Kom mee!

Snel en stil!'

Mart geeft Tom een por.

'Wat ...'

'Stil!' fluistert Mart.

Ze volgen de man naar buiten.

Waar wil hij heen, denkt Mart.

Het hek is dicht.

De man wenkt hen.

Tot hun schrik loopt hij naar de kelder.

Even later dalen ze de trap af.

Uit de diepte klinkt gedreun.

De draak!

Maar de man lijkt niet bang.

Hij loopt recht op de zwarte muur af.

'Wees niet bang,' fluistert de man.

'Nog even en dan zijn jullie vrij.

Volg me.'

Die stem!

Mart weet zeker dat hij die kent!

Maar wie is het?

De man duwt tegen het rek.

Meteen zwaait er een deur open.

Een geheime deur in de muur?

Maar hoe kan dat?'

De man gebaart hen te volgen.

Ze stappen een donkere gang binnen.

Achter hen klapt de deur weer dicht.

Angstig volgen de jongens hun gids.
Voor hen klinkt het gedreun weer.
Dan komen ze in een grote ruimte.
Mannen hakken daar stukken muur weg.
Of zijn bezig met grote balken.
Niemand kijkt op of om.
Nu komt er een lange gang.
Maar waar gaan ze heen?
Mart wil het nu weten.
Voor hen opent de man een poort.
En dan staan ze buiten.
Ze zijn in het Woeste Woud!

9. De Vrienden van het Vrije Woud

In het donker volgen ze een pad.
Alleen de maan geeft wat licht.
Na een tijd komen ze op een open plek.
Mart ziet het schijnsel van een vuur.
'Kom nu verder,' zegt de man.
'Wees niet bang.
We doen jullie niets.'
Rond een groot vuur zitten mensen.
Mannen en vrouwen.
En ook jongens en meisjes.
Die knikken hen toe.
'Neem plaats,' zegt de man.
'Welkom hier.
Bij de Vrienden van het Vrije Woud.'
Hij doet zijn masker af.
'Allan!' roept Mart verbaasd.
'Niet zo hard!' lacht de minstreel.
'Straks maak je het kasteel nog wakker.
En dat willen we niet!'
Allan wenkt een meisje.
'Wil jij voor eten zorgen?
Deze heren zullen wel trek hebben.'
Het meisje knikt en verdwijnt.
Even later is ze terug.
Ze draagt een schaal vlees en groente.
Die zet ze voor de jongens neer.
'Tast toe,' lacht Allan.
'Dan vertel ik jullie zo alles.'

De jongens eten snel.

Hoe lang hebben ze geen eten gehad?

'Zal ik starten?

Of zal ik nog meer laten brengen?'

Allan kijkt hen lachend aan.

'Nee, dank je,' zegt Mart.

'Ik zit vol.'

'Het was heel lekker,' zegt Tom grijnzend.

'Beter dan op het kasteel!'

Hij lijkt weer opgewekt.

'Goed dan.'

Allan kijkt de jongens ernstig aan.

'Niet schrikken van wat ik vertel.

De groep mensen hier …'

'Je vrienden,' zegt Mart.

'Ja, de Vrienden van het Vrije Woud.

Heer Jan noemt ons anders.

Hij noemt ons rovers.'

Mart en Tom kijken hem verbaasd aan.

Deze mensen hier, rovers?

Zo zien ze er toch niet uit.

'Maar ben jij ook een rover?' vraagt Tom.

'Het is maar hoe je het bekijkt.

Jan en zijn mannen zijn rovers.

Zij halen alles weg uit onze dorpen.

Roven ons vee.

Steken onze huizen in brand.

Voor ons zijn zij de echte rovers.'

Hij kijkt de jongens strak aan.

'Nee, zo moedig zijn die ridders niet.

Soms vochten wij terug.

Dan gingen ze er vandoor.
Zo snel als ze konden.'
Iemand fluistert Allan iets in het oor.
'Ik kom zo.
Ik maak eerst mijn verhaal af.'
Hij kijkt de jongens aan.
'Een tijd terug vonden we een oude gang.
Die gang kwam uit in de kelder.
En dus maakten we een plan.
We praatten over de draak.
Niemand die hem ooit zag.
Maar de mensen werden bang.
Van de draak in de kelder.
Als het nacht was, gingen we de kelder in.
Namen mee wat we nodig hadden.
Wat van ons was.
En nu …'
De jongens hangen aan zijn lippen.
'Nu gaan we Jan een lesje leren.
Gaan jullie mee?'
Mart en Tom staan meteen op.
'Kom, volg me maar.
Terug naar de gang …'

10. De val van de muur

Onderweg vertelt Allan het plan.
'We willen af van Jan.
En van zijn mannen.
Daarom zijn we aan het werk.
Die grote ruimte waar we door liepen.
Weten jullie nog?'
De jongens knikken.
'Waar zo druk gewerkt werd?
En waar het gedreun vandaan kwam?'
'Ja, die.
Die ruimte ligt recht onder de muur.
Als we de balken straks weg gaan halen…'
'Dan zakt de muur in!'
Mart snapt het meteen.
'Juist,' zegt Allan.
'Dan ligt het kasteel open.
En dat wil Jan niet.
Veel mensen hebben een hekel aan hem.
Die kunnen dan zo naar binnen.'
Tom lacht hard.
'En niet voor een leuk feest …'
Allan grijnst.
'Nee, dat denk ik ook niet.
Dus zal Jan weggaan.
Met al zijn rovers.
Naar een ander kasteel.
En wij hebben een tijd rust.
We kunnen ons dorp opbouwen.

Zorgen voor genoeg eten.
Voor iedereen.'
Hij kijkt de jongens aan.
'Ook voor jullie … als je wilt.'
Mart kijkt verrast.
'Mogen we bij jullie blijven?'
'Waarom niet,' zegt Allan.
'Op het kasteel werkte je ook.
Dat doe je bij ons ook.
Maar bij ons ben je vrij man.'
'En het eten is goed,' lacht Tom.
'Dus,' zegt Mart.
'Dan horen wij ook bij de Vrienden …'
'Van het Vrije Woud,' vult Tom aan.

Intussen zijn ze bij de gang.
Er komen mannen naar buiten.
Ze slepen een lang koord mee.
'Alles klaar?' vraagt Allan.
'Ja,' bromt een man.
'Het wordt nu touwtrekken.
Tot de eerste balk valt.
Daarna vallen ze allemaal.'
'En daarna valt de muur,' zegt een ander.
'Is iedereen uit de zaal?' vraagt Allan.
De mannen knikken.
'Dan gaan we aan de slag.
Handen uit de mouwen!'
Ze nemen het koord op.
Ook Mart en Tom doen mee.
'Een, twee …'

Iedereen trekt.

Zo hard als hij kan.

Dan ineens schiet het koord los.

'De balk is los!'

Ze wachten af.

Uit de gang klinkt geraas.

Dan een enorm lawaai.

'De muur valt!'

Iedereen juicht.

Allan stuurt iemand om te gaan kijken.

Die is al snel terug.

'Alles ligt omver,' grijnst de man.

'Het is gelukt!'

'Dan gaan we feest vieren!' lacht Allan.

'Willen jullie daarbij zijn?'

Hij kijkt Mart en Tom aan.

'Of toch liever terug naar het kasteel?'

De jongens hoeven geen antwoord te geven.

Hun blijde gezichten zeggen genoeg.